Yoko Tawada, Abenteuer der deutschen Grammatik

Yoko Tawada

Abenteuer der deutschen Grammatik

Gedichte und Kurzprosa

Konkursbuch
Verlag Claudia Gehrke

I Abenteuer der deutschen Grammatik

Verben, die eine Zeitergänzung verlangen, sind selte[illegible]

Das Spiel dauerte [illegible] Stunden. Die Versammlung [illegible] [illegible] dehnten sich bis Mitternacht aus, zogen sich [illegible]

Subjekt + Prädikat + Artergänzung

Satz

Subjekt — Prädikat

[illegible] — ist [illegible]

Artergänzungen stehen vor allem bei Verben, die [illegible] [illegible]. Beispiele für Sätze nach diese[illegible]

[illegible]

Subjekt + Prädikat + Begründung[illegible]

Satz

Subjekt — Prädikat

Das Verbrechen [illegible] — gesche[illegible]

[illegible]

Subjekt + Prädikat + Dativobj[illegible]

Satz

Subjekt — Prädikat

[illegible] — [illegible]

Groß aber leise

„Mein Deutsch" schreibe ich groß und spreche
es leise aus.
Die „deutsche" Grammatik schreibt man klein
mit Größenwahn.

Die zweite Person Ich

Als ich dich noch siezte,
sagte ich ich und meinte damit
mich.
Seit gestern duze ich dich,
weiß aber noch nicht,
wie ich mich umbenennen soll.

Schienenersatzverkehr

Der Zug fährt heute in der umgekehrten Reihenfolge ein: das übliche Spiel der Eisenbahngesellschaft. In einer Reise nach Jerusalem kann man keinen Sitz reservieren. Du hast neun Wörter zu sagen und es gibt keinen achtsamen Fahrgast. Ganz am Ende eines Schlangensatzes warte ich, das Verb, auf dich, das Subjekt. Inzwischen passierten schon zwei Unfälle im vierten Fall: Es gab einen Selbstmord und einen **Personal**schaden. Ein einziger Toter – zweimal gestorben. Ich bin gern ein Verb. Bitte benutzen Sie den Schienenersatzverkehr! Werden die Schienen ersetzt oder ist es ein er, der im Verkehr ausgesetzt wird? Ein Satz macht einen großen Satz über fremde Schatten und verkehrt mit dem Sinn des Sagbaren in der umgekehrten Reihenfolge.

Die Grammatik der Sommernacht

Warum steht das Jucken im Singular,
wenn du so viele Mückenstiche hast?
Ist Gott noch Single?
Der Schöpfer zahlreicher Mücken?

Perfekt

Es hat geblüht
Und indem ich dir davon erzähle
Blüht es immer noch
Die Blume ist nicht die letzte Form der Knospe
Da fehlt noch der amtliche Stempel auf dem Staubblatt
Sie hat am Fruchtstiel geblutet
Und sie blutet weiter, indem ich das sage
Das Perfekt ist eine unvollendete Zeit

Vor einem hellen Vokal

Gleich werde ich meinen
Bauch zeigen und tanzen an einem
Teich wo eine deutsche
Eiche steht. Ein gottloses
Buch werde ich
euch schreiben und steige
hoch auf den Galgen. Ich bin ein fliegender
Teppich mit einem
Kopftuch. So ein
Pech! Kann ich fliehen? Kennst du das Land
CH?
Die Lesart der heiligen S-
chriftzeichen c und h bleibt weiter offen

Eine neue Periode ohne Punkt und Komma

Jeder weiß wo ein Satz zu Ende geht Selbst in
einer Trauerzeit ist die Lektüre eine Dauer ohne
Ende dennoch wird ein Punkt gesetzt Oder war
das ein Tintenfleck Ein Tröpfchen Träne aus dem
Füller Keiner braucht zu wissen wo der nächste
Satz beginnt Wer redet schon mit Interpunktionen
auf der Zunge Jeder darf ein Pausenbrot essen
wann er will Nur das Semikolon verbietet es dir
mit Doppelmoral und der Doppelpunkt will nicht
seinen Nachkommen mündigsprechen

Verabredung an der Penn Station

Ich picke dich vom Bahnsteig up
Sagtest du mir auf Denglisch
Aber das trennbare Verb
Schneidet unterwegs meinen Waggon ab
Und der Leib bleibt in einer Schneelandschaft stecken
So pickst du mich in zwei Etappen
In Amerika muss man getrennt bleiben
Ab-ge-schnitten, selbst in einer perfekten Vergangenheit
Wann werde ich endlich up-ge-pickt?
Du hast die Wahl: entweder die richtige Grammatik oder
du wirst abgeholt

Passiv

Eine faule Dichterin schläft im Sessel ein
und lässt den Herbst an sich herankommen
Wenn sie untätig bleibt
Fällt ihr eine Ferse ein
Ohne den Absatz und die Schnur
Dichtet der Schuh seine Sohle
Die Passivität ist die Zukunft der Vergangenheit
Es passiert der Dichterin, dass es geschrieben wird
Sie bleibt passiv oder wird aktiv in dem Satz: Ich
unternehme nichts
Keiner hat einen Pass, der ihm passt
Dennoch passiert es täglich: Die Grenzen
der Grammatik werden passiv überschritten

Lautfundiert

Treu sein
Nicht dir, sondern der Gegenwart
Lautgetreu, den Konturen des Windes entlang
Schreiben
Dem Stamm seine Leichtigkeit zurückgeben
Äste vergessen
Die Gliederung ist der Schatten der Skelette
Wek mit der Wurzel
Die die Sonne meidet

Ein Telefonat mit Zürich

Ich weiß, man muss einer Person im Dativ ein Wort im
Akkusativ sagen
An bestimmten Tagen aber wollte ich dich im Akkusativ dem Wort im Dativ sagen
Denn du bist ein Wort, wörtlicher als jedes andere Wort
An jenen Tagen, an denen die Elbe tiefer aussah als die Alpen hoch gewachsen waren, wollte ich nicht dich, sondern dir anrufen
So blieb ein Platz für das Wort frei
Aber ich hatte nichts, was ich im Akkusativ sagen konnte

Wortstellung

Das Verb spielt die zweite Geige
Wenn die Melodie zitiert ist
Hat es den letzten Ton
An einem gewöhnlichen Tag steht das Subjekt vorne
Jeder kann anfangen aber wer steht am Ende
Wenn ein anderer den Kopf macht
Muss das Subjekt nach hinten rücken
Die Reihenfolge und die Hierarchie sind zweierlei
Der Rhythmus kennt keine Korruption

Passé Composé

Ein Kompott
Für uns alle dasselbe
Für mich für dich für ihn für sie denn
Es ist gegessen und vergessen.
Nur die Haltung des Habens unterscheidet sich
Zwischen mir und ihm und ihr und sie und uns
Bitte nicht zu viel „und"!
Und das Haben zeigt bei jedem ein anderes Ende
Ich bleibe eher offen
Du bis streng verschlossen
Er und sie haben Hüte auf dem Kopf
Gemeinsam sind die eingeatmete Luft und
Die durchgemachte Nacht
Wir lasen nie das gleiche Buch, aber
Gelesen haben wir alle oder
Ich „gelese", du „gelesest"?
Das perfekt Vergangene ist durchkomponiert und vereinfacht
Warum sind wir aber so vielfältig in der Gegenwart?

Die Konjugation

er hemt
wenn ich bluse
weiche in den händen der wäscherin am hafen
glänze nicht ohne den gültigen spaß
fiebere nach kunstseide
er hemt den fortschritt
schimpft mit der kunst und dem stoff
er hütet
wenn ich hose
ich hose die schneiderpuppe
ich schneide
du liebste
ich pistole
du angst
wir arbeiten an der Änderungs-
Grammatik

Ein trennbares Paar

Wir sind heute oder jetzt oder dauerhaft trennbar
Der Kopf stellt sich ans Ende der Schlange
Der Philosophiestudent sagt, die Zeit sei perfekt
Schon liegt ein Ge-stein zwischen uns
EinGEschüchtert und durchGEnervt
Der G-Ton begleitet uns bis zum bitteren Adverb
Nur in einem Wörterbuch stehen wir zusammen
Zwar trennt uns ein sanfter Strich
Nimmt aber keinen Platz ein
Er schweigt und zieht rücksichtsvoll seine graue Miene

Der hanseatische Komparativ

eine hamburgerin sagt:
ich bin größer wie du
dabei wirkt sie so klein wie eine wiege
ein beißring liegt auf dem tisch
nicht für deinen neugeborenen wind sondern
für ein schiff
es schaukelt in der werft
es schaukelt immer kräftiger
gibt dem himmel einen stoß
aus den wolken fallen die heringe
der grüne fisch
die gelben rapsfelder
und ein blauer seeman
der vor der teufelsbrücke torkelt

Die zweite Person

Du hast ein Geschlecht.
„Du" hat kein Genus.
Du da!
Meinst du mich?
Ja!
Dann ist dein „Du" heute weiblich.
„Ich" hat kein Genus.
Und das ist ein Genuss für mich.
„Ich!" sagt mein Freund, der einen Freund hat.
Er ist ein Ich, wenn sein Mund sich bewegt.
Er ist ein Du, wenn seine Ohren mir zuhören.
Egal ob dich eine Sie oder ein Er lieben,
immer bist du eine zweite Person und geschlechtslos.

Die dritte Person

Er trägt seinen alten Hosenträger,
sie ihren weißen Busenhalter.
Ein Ich hingegen läuft nackt herum.

Ein Ich kann Marie, Mariko oder Mario heißen.

Er erträgt seine unerträgliche Mutter,
sie ihren Vater.
Sie trägt eine Gebärmutter in sich,
er seine Hoden.
DU trägst nichts bei dir außer den Buchstaben D und U.

Ein Du kann Kain, Cathy oder Keiko heißen.

„Ich" muss keine Steuern zahlen, denn ICH ist kein
bürgerlicher Name.
„Du" musst nicht zur Bundeswehr. Ein Soldat, der DU
heißt, tötet nicht.

Der Artikel

Der Dämon streichelt seinen Artikel.
DIE Vagina bekommt ZWEI Töchter,
jetzt ist sie nur noch eine der DREI Vaginen im Haus,
dafür ist sie aber DIE Mutter, die einzige oder eine der ZWEI,
denn der Vater hat ZWEI Frauen und seine andere Frau hat ZWEI Männer.
Dazu hat sie auch EINE Frau.
Sie streichelt EINEN Bauch der Freundin, einen der DREI Bäuche.
Den ersten bekam sie als Embryo,
den zweiten als Weintrinkerin
und den dritten als Mutter.
Glaubst du an jeden Gott oder nur an den Gott, der ohne Artikel steht?
Der Artikel DER hat sich von Gott getrennt und ist zu einem Propheten geworden.
Er ist einzigartig aber du bist einzigartiger.

Alte Notizen zur linguistischen Erotik

Sprachen bestehen aus Löchern.

Das Wort Schein gibt es im Japanischen, und es bedeutet der Angestellte einer Firma. Das Wort Sein gibt es nicht im Japanischen. Weder Betrunkensein noch sein Bier. Trotzdem ist er betrunken.

Eine Hose kann nur im Deutschen tot sein.

Die Adjektive im Deutschen sind Schmarotzer der Substantive. Wenn ein Substantiv feminin ist und im Dativ auftreten will, muss das Adjektiv sich feminin schminken und seinen Körper im Dativ beugen.

Die Adjektive wollen keine Schmarotzer sein, denn sie stellen die Bewegungen dar: Wenn es hell ist, gibt es zahllose Teilchen in der Luft, die blitzschnell herumfliegen.

Linguistik ist nicht trocken, sondern feucht.

Außerhalb Ostasiens muss man immer in der gleichen Tonhöhe sprechen, sonst klingt es unanständig. Tonhöhen gelten in der Welt der Phonetik als Prostituierte.

„Ich liebe Dich" heißt auf Japanisch „watashi wa anata ga suki desu". Wenn man diesen Satz wiederum ins Deutsche wörtlich zurückübersetzt, heißt er: Was mich betrifft, bist du begehrenswürdig.

2 Eine poetische Nachbarschaft

Kopenhagen

Diejenigen,
bei denen es immer regnet,
sprechen warme, feuchte Wörter.
Sie verstecken ihre Füße, so erfahren wir nie, wie sie enden.
Diejenigen,
bei denen die Sommernacht zu kurz ist,
richten ihre Kopfkissen nach Norden.
Sie speisen rot gefärbte Finger im heißen Hund und reden
über frische Filme.
Auf einer ihrer zahlreichen Inseln steht ein wundersames
Kino: ein Es-Kino.
Das ist mein Kind, rufst du.
Es singt auf der Leinwand.
In Wirklichkeit ist es aber dein Es, aufgetaucht aus der
Eisschicht.
Das Eis-Kind, das gerade in der Schaumkrone ertrinkt,
wird im Dezember zum König der Nacht gewählt.
Ihnen gehört das unbeschriebene Papier.
Wie lange darf man noch schweigen? So lange wie der
letzte Dezember?
Wie oft in der Woche denken Sie, dass Sie glücklich sind?:
Bei einer Anfrage wirst du noch gefragt, aber sonst
nie mehr.
Die Statistik ist deine Sicherheit, das Horoskop – deine
Freiheit.
Bei denjenigen,
bei denen das Glück angesagt ist,
regnet es stets unscheinbar.

Vreemd in New Amsterdam

Vinger krumm machen um ein Wort. Wie ein
Venchel versteckt es sich hinter einem Schirm.
Vrage ich eilig nach einem Pfund Gefundenes, versteht die
Vrau im Laden sofort, was ich meine. Ich singe: Mein
Visch schwimmt griechisch zu den Königinnen. Ein
Vunke in ihren Augen. An Stelle
Vünf Cent Wechselgeld bekomme ich eine fiebrige
 Landschaft.
Vremd mit abgeschälten Fersen. Dann kamst du, das Wort,
 es reimt sich mit
Vuß. Drei Tage später verlief das Auge aus meiner Uhr.
 Eine neue
Valte im Hirn liest den Geheimweg zu meinem Geburtsort:
Vlughafen.

Über dem Sofa

Drei Ohrringe
Sind keine Anhänger eines Glaubens
Behängt mit Schlüsseln,
Die in kein Erinnerungsloch mehr passen
Die Holztüren sind die Ohrläppchen des Hauses
Zwei davon gehören zusammen
Die linke ist männlich-östlich, die rechte weiblich-nördlich
Sie stehen dicht beieinander und schweigen gemeinsam
Um das Haus zu öffnen, müssen sie auseinander gehen
Die linke Tür geht aus dem Bild
und die rechte legt sich auf die dritte Tür,
die am Ende der Malerei wartet

Die Neigung

geknickt und eingefroren steht deine letzte rosenknospe als der winter den balkon überrascht. seitdem ist die farbe der mädchenlippen unverändert geblieben. hinter der eisschicht leuchtet sie weise. wer sie anfasst verliert ein stück haut vom zeigefinger. der neue schnee hat die straße vor dem kant-kino bedeckt und den autos weiße mützen aufgesetzt. es war die reine, mütterliche vernunft. du lachst hell und auf dein gesicht kehrt jene rose zurück. auf dieser erde hatte es schon blumen gegeben lange bevor die schönheit erfunden wurde. der geschmack von blut und wassermelonen. man kann nicht die lippen der zukunft schmecken. der frühling wird angreifbar sein. die kunst, stillos zu stehen. nicht über die wurzel zu reden. die väter schlafen in den alten nachnamen und frauen gehen mutig über die rote ampel. jede lebt ihren sommer wann sie will. du deinen mitten im schnee.

eine fernaufnahme aus der nähe

das mädchen blickt hinein in einen raum der größer ist als die hansestadt in ihren augen ein segelschiff auf der blauen sehnsucht vertrauen im lächeln der mund halbgeöffnet was kann alles mit dem nordseewind hineinkommen ein böser luftzug ein tropfen chemie das mädchen hat keine angst tausend jahre geschwiegen wie ein flussbett und dann endlich geboren mit der stimme die den nebel bricht und die wolken aus dem weg räumt blau und blauer leuchtet der fast skandinavische himmel ein bio-apfel hängt am baum der weisheit eine goldene schlange lebendig geflochten am rechten ohr flüstert dem mädchen zu wie man die sprache mittelbar macht umsonst denn das wissen hatte das kind schon aus der bibliothek der gebärmutter ein hauch ironie an den lippen die lust auf zahlen noch nie geknickt noch nie verletzt aber bereits verfeinert durch das licht angesteckt vom plan eines engels an der elbe eine stadt bauen kleine leuchtende hände formen schlossartige häuser aus dem nassen sand jeder finger ein handwerker die handfläche ist die königin die die zeit bis zur nächsten flut kennt die kinder aus der nachbarschaft vergessen ihre lego-saurier und umringen das mädchen zuerst wundern sie sich über das fremde werk dann arbeiten sie mit bis die sonne müde wird es ist sieben uhr es war gut sagt das mädchen und zieht den himmel hinunter wie eine jalousie jetzt geht ihr alle nach hause im kerzenlicht wachsen rosen und lilien als muster der tücher die die mutter bügelt das bügelbrett ist ein floß zwischen tag und nacht erreicht das meer den horizont des dialogs die laternen der lettern flackern in der ferne die schatten der meeresfrauen der wind aus acht himmelsrichtungen

Ein Versfuß ohne Schuhe

Weise Tiere aus der Steinzeit hatten kein Ohr
Beim Aufwachen oder schon im Gewässer der Träume
Sticht eine Melodie direkt in ihre Haut
Beim Komponieren ist das Gehör ein Hindernis, sagen
die Reptilien
Denn das Trommelfell trommelt auf sich selbst
Was es sonst empfängt ist die Klage der Knochenmütter
oder das, was in ihrem Bauch wächst
Der süße Duft eines Kinderschuhs, der damals in einem
östlichen Gebiet vergessen worden ist
Das Kind lief über die Grenze, wurde erwachsen, baute
ein Haus
Der Schuh blieb allein zurück
Seine Sohle wurde löchrig, seine Geschichte nicht
weitererzählt
Aus Rücksicht
Eine Sieben und noch eine Sieben – eine Verdopplung
der höchsten Glückszahl!
Die Zeit ist gereift, da kehrt er zurück über die Grenze
Zu dem Körper, dem er einmal gehörte.
Er läuft ihm hinterher
Kennst du mich nicht mehr?
Ein Gespenst, ein Nachkomme,
Geht um in Europa
Trampelt auf den Boden der Hirnhaut,
Tanzt ein Rondo.
Er dreht sich und dreht sich
Pass auf! Lass dich nicht einsperren in einen Kreis,
Den selbst der Teufel vermeidet
Lass den Schuh auf dem Manuskriptpapier tanzen
Zusammen mit den denkenden Fingern
Ich grüße die Tänzer aus meinem Fenster,

Dem kleinen runden Fenster
Eines Flugzeugs
Der Himmel bleibt unverändert, milchig grau, grausam
        blau
Unten liegt das triste Paradies
Wäre ich ein Mensch, wäre ich lieber unten
Das Flackern der Gaslaternen und der Duft der
        brennenden Kohle
Einen schönen Spaziergang wünsche ich dir
Mit neugeborenen Strophen auf der Zunge
Die Häuserreihen öffnen sich wie Buchseiten
Die Schutzwand einer Baustelle verbirgt keinen Krieg
Helle Tage mit leichtem Atem wünsche ich dir
Befreit von der Last des Kinderschuhs
Vergiss nicht die Schulfreunde zu besuchen
Die männliche Treue ist die weibliche Tugend
Der Winter ist kurz in einem tropischen Zeitalter

Rosskastanien

Über die Rosskastanien stolpert man nicht
Sie rollen von einer Stadt zu einer anderen
Als gäbe es den Herbst immer woanders
Ein Lastwagen fährt rückwärts
In eine Einbahnstraße, in die Vergangenheit
Zögernd und aufmerksam
Zerquetscht das, was vom Baum gefallen ist
Ein unhörbares Geschrei, eine trübe Fensterscheibe
Die Toten werden geweckt
Aus ihrem seichten Schlaf
Sie springen hoch und fangen an zu komponieren
Ungewaschen und ohne Frühstück
Ihr Gemüt haust in D-Moll: Es ist Mitternacht
Und die Sonne scheint durch den Mond
Auf der Straße hat jeder einen Namen
Eine Viertelzigarette heißt Marie
Sie legt sich neben die überfahrene Rosskastanie
Maries leuchtender Kragen, befleckt mit Lippenstift
Eines Tages wird die nackte Kastanie auch
Koloriert wie ein Hirn im Labor – aber heute
Ist sie noch weiß wie Montag
Die Minute der Mitternacht neigt sich zur linken Laterne
Da spaziert eine, die mir unheimlich ähnelt,
Die Mondsüchtige
Sie denkt ohne Worte, tritt die Fußspuren der Zukunft
Der in den Stein eingeritzte Name kratzt an ihren Fußsohlen
Und redet mit ihren Eingeweiden in der Sprache der Akupunktur
Ach ja ich verstehe
Die Kastanienschale, ein halbierter Septembertraum,
Getrennt von ihrem Herzen
Gefangen im heiligen Schein der Stacheln
Sie sticht ins menschliche Fleisch

Keine Rache, sondern ein Reflex seit Generationen
Jeder Baum setzt seine Kinder auf die Straße
Was sollen die brünetten Mädchen draußen im Regen
Und die braun gebrannten Beine der Knaben
Sie hupen und hüpfen
Die Musik des Motors, die Bühnenbeleuchtung der Reklame
In dieser verschlafenen Metropole ist jeder Abschied ein Kapital
Die Nacht ist kurz und das Schiff ist fort
Mein kleiner Bruder Rossmann steht auf dem Deck
Träumt von der Brücke zwischen Boston und New York
Sein Koffer ist voll mit unbrauchbaren Wörtern
Was suchst du im Duft der amerikanischen
Haare, die im Meereswind tanzen
Du wirst dort eine Tüte Plastik-Maronen kaufen und im
Gerbstoff eine Prager Gasse schmecken
Der zersplitterte Mond zwischen den elektrischen Wellen
Ist es ein Wassergeräusch oder die Kastagnetten, die den
Flamenco der Wale begleiten
Sie nähren sich, werden dir bald die Samen aus der
Hosentasche rauben, noch bevor du deine erste
Pfeife in den Mund nimmst
Sie stellen sich auf die Bühne, damit sie nicht verhaftet werden
Ein offensives Versteck der schwangeren Künstlerinnen
Wir müssen unser Brot verdienen, sagen sie, dabei essen sie
kein Brot
Im Nachthimmel schimmert eine unbekannte Währung
Die Nationalflagge am Hafen hat sich liften lassen
Die Kastanienblüten entfalten sich mit ihren Falten
Im Herbstregen ist jede Fläche ein Spiegel
In jedem Ich eine Kastanie
In jeder Kastanie ein Gedicht

3 Die Mischschrift des Mondes

Die 逃走 des 月s

我 歌 auf der 厠
da 来 der 月 herange転t
裸
auf einem 自転車
彼 hatte den道 mitten 通 den 暗喩公園 ge選
um 我 zu 会

戸外 die 道 entlang
散歩e 歯磨end eine 美女
auf der 長椅子 im 公園
飲 ein 男 in 妊婦服 林檎汁
Am 末 eines 世紀s ist die 健康 eben 適

Im 天 穿 ein 穴
Die 月的不安 Der 月的苦悩 sind 去
全「的」飛翔 活発
um das 穴 herum

Die 皺 des 深淵s 平
Auf der 光滑en 表面 der 苦悩
登場 die 詩人 auf 氷靴 an
月 我的 neben我

Anmerkung: Das ist eine Transkription der Übersetzung des Gedichts „Die Flucht des Mondes" (aus: Yoko Tawada „Nur da wo du bist da ist nichts" konkursbuch Verlag Claudia Gehrke, 1987. Übersetzt aus dem Japanischen von Peter Pörtner). Um Japanisch zu schreiben, muss man die Bedeutungsstämme mit chinesischen Ideogrammen schreiben und alles andere (Hände und Füße der Wörter) mit einer phonetischen Schrift. Das Gedicht zeigt, dass man mit dieser Mischmethode auch Deutsch schreiben kann.

4 Loblieder für die Toten

die letzte pause in einem poesiefestival

für inger christensen

1

sie flattern, wenn es dunkelt
zwei servietten
über einem gedeckten tisch
sie flattern, lassen die zusammengefaltete zeit hinter sich,
bleiben in stirnhöhe des portraitierten Mannes,
verlängern lautlos den bilderrahmen, wenn sie
den blumenketten der tapete entlang
weiterfliegen
dort endet die wand
eine spalte, ein ausblick
der türgriff leuchtet, aber
die finger sind noch fern

2

aus dem tor strömen unzählige strichfrauchen
ausgestattet mit stöckelschuhen und busen
die sonne blendet sie mit gemischtem gefühl
im park gehen unbekümmert drei
studentinnen mit taschentüchern auf dem kopf
ihre augenbrauen reden nur in der pause, die bienen,
          überall wo man hinblickt, die bienen

3

die schatten der eichen, die schatten der buchen
eine kleine handtasche auf dem schoß
der rock ist haarig warm
leise kariert

blasse oberschenkel
auf der feuchten holzhaut der bank im park
sitzt eine frau
wie ein siebenundzwanzigster buchstabe
der monat mai verläuft sich, seine drei farben sind noch
nicht miteinander gemischt
in der pause werden manche leser geschwätzig, andere
einsam
jede bank erkennt nur eine dichterin
zwischen dem portemonnaie und dem reisepass werden
die vulkanische asche und eine hand voll insekten
festgehalten

4

aus dem dampfablassrohr strömt die morgenstunde
mit einer kleinen fahne winkt sie
noch gibt es kein ich
nur eine zunge, die verlängerung des gehirns
und in der geste des akkusativs treten die dinge auf die
    bühne
das hotelzimmer gibt es, auch den kühlschrank. die
    drahtlose verbindung gibt es. den frühstückssaal mit
    brauner blumentapete gibt es. die kellnerin gibt es
noch sind sie auf dem weg
zu einem nominativ, dem tod

5

schau, das eichhörnchen da,
es hat ein drittes auge auf dem rücken
klettert den baum hinunter
ihre nackten fußflächen spüren die nässe die kälte die
    frische die weiche der gräser

die sonne ist eine unbeschriftete cd
hier und da etwas augenfälliges, man nennt es blumen
die blauen fußspuren des mannes, der das wasser geholt hat
danke
das motorgeräusch wirkt beruhigend
hotelgäste frühstücken ohne gesichter
an der kalkigen schale klebt ein schandfleck vom eigelb
zwischen zähnen gibt es immer fenster
man könnte sie öffnen, hinausschauen und staunen
eine kette im himmel, ein wolkenexpress
und was noch?
die pauke, die trompeten
gymnasiasten proben in der ferne

6

ein kompott das in diesem land noch nie serviert worden ist
nie gesehen nie angefasst dennoch schon gekostet in der
        prähistorischen zeit
dichten bedeutet: die früchte buchstabieren
ihr fleisch ist die verwesung der blume
ihr name eine stille post
wer ist die birne und wo atmet die zitrone? was sagt die
        aprikose in welcher sprache?

Kaeshiuta
Zu Canzoniere

1
Auf jedem flatternden Blatt ein anderes Ich
Jedes von ihnen gerät außer sich
Keine Schwere
Doch nehme ich zu
An Kalorien vom Seufzen
Ein Rezept zum Weinen: S. O. S. Piripiri
Eine Art, an der man mich wiedererkennt: errors
Sich ausziehen vor einer Linse
Eine Liveübertragung auf Papier
Lebenslängliche Liebe – ein Snack für den Leser

3
Amor kann nicht das nackte Herz des
gekreuzten Mannes treffen
Es sei denn, die Zielscheibe wäre ein
Kalender
Mehrfach belegte Daten
Blut wird jedes Mal zum letzten Mal vergossen

9
Ich sei ein Tier mit Hörnern, sagte er,
Würde immer in den ersten sieben Jahren des
Lebens verweilen
Verließe ich sie, würde ich eingehen
Bliebe ich dort, gäbe es keinen Sex
Mein Versuch, ein bewohnbares Alter zu finden
Du hast es schon gefunden

Offen die Hügellandschaft, Eingeschlossensein im
Gehäuse der Kamera
Es gibt keine Haiku über das Innere,
In dem es keine Jahreszeiten gibt

10

Zwei Völker drei Bäume ein Vogel
Buchstaben fallen herab
Von der Stirnhöhe bis in die Tiefe der Knie
Während Töne, Bücher und Pinsel hinauf wachsen
Zum Mars
Die elektrische Säule okkupiert die Sphäre
Macht die Station
Zwei Regierungen drei Religionen ein Ende
Unter dem Sturm ein unbewegliches
Zittern der Zweige
Schatten verfeinern sich
Bis in die dünnsten Tränenstriche

13

Unter den Damen in Samtkleidern steht ein nackter Junge
Berührt sein spitzer Penis die Brusttasche eines Dichters
Wacht ein Frauenname auf
Der Pfeil, nicht einmal ein Interpunktionszeichen,
Eilt weiter ins Licht
Zerbricht knackend
An einer Damentasche
Sie, die Lichtquelle, ein blinder Fleck

17

Der Blick zwingt Dinge Wurzel zu schlagen
In die weiblichen
Ortsnamen
Allein der abgekühlte Mars
Könnte ihn herausziehen
Und andere Stunden
Flüchtige Zahlen
Dreizehn und Elf
Die Erinnerung an den letzten Blick ist schon
Eingerahmt
Macht die Wunde zum Quadrat

TIK
Nach Ernst Jandl

戦ak
術ik 時ik
計ak

航海術tik
nau

航空術tik
aeronau

宇宙飛行術tik
astronau

MusikMaschineLärm
Nach Ernst Jandl

騒音機械音楽機械騒音機械
音楽機械騒音機械音楽機械
騒音機械音楽機械騒音機械
音楽機械騒音機械音楽機械
騒音機械音楽機械騒音機械
騒音機械音楽機械騒音機械
音楽機械騒音機械音楽機械
騒音機械音楽機械騒音機械
音楽機械騒音機械音楽機械
騒音機械音楽機械騒音機械
騒音機械音楽機械騒音機械
音楽機械騒音機械音楽機械
騒音機械音楽機械騒音機械
音楽機械騒音機械音楽機械
騒音機械音楽機械騒音機械
騒音機械音楽機械騒音機械
音楽機械騒音機械音楽機械
騒音機械音楽機械騒音機械
音楽機械騒音機械音楽機械
騒音機械音楽機械騒音機械

5 Utopien

Okonomiyaki

Das menschliche Leben ist ein Kommen und Gehen von Eiweiß. Einmal sagte ich zu einem Frankfurter Bekannten, dass einhundert Gramm Tofu mehr Eiweiß enthalten als einhundert Gramm Huhn. Er schüttelte den Kopf verneinend und sagte: „Das kann nicht sein. Sojabohnen legen keine Eier. Woher kann das Eiweiß kommen?"

Tintenfisch heißt IKA auf Japanisch. IKA bedeutet auch Verfremdung.

Bei einem Menschen ist es keine Tugend, sich klebrig, zähflüssig oder schleimig zu verhalten. Von einer Yamaimo-Wurzel wird aber erwartet, dass sie diese Eigenschaften zeigt, wenn sie gerieben wird. Man kann sie so essen, man kann sie aber auch in den Okonomiyaki-Teig mischen. Der Joghurt, die Natto-Stinkbohnen, der Stinkkäse, die Yamaimo: Alles Schleimige und Stinkige ziehen das Leben in die Länge.

Im Pazifik schwimmt kein viereckiger Fisch, der Fischstäbchen heißt.

Der Ingwer soll ungemein potent sein. Aber in welchem Bereich er wirklich potent ist, weiß nicht jeder.

Der Okonomiyaki ist nichts anderes als ein Pfannkuchen, sein Teig besteht aus Weizenmehl und Wasser. Bei ihm ist aber besonders, dass man die individuelle Vorliebe (konomi) bei der Zubereitung wichtig nimmt. Man darf alles hinzufügen. Man darf jede Konvention und Tradition ignorieren. Manche schütten einen Schuss Coca-Cola in den Teig, damit er lockerer wird.

Die Mayonnaise ist der Sündenbock in Deutschland. Jede moderne Krankheit, jede Geschmacklosigkeit, jeder Neonazi-Junge, jede Wirtschaftskrise, jeder Schmutz in der Umwelt und jede kapitalistische Schweinerei kommen angeblich dadurch zustande, dass man die Mayonnaise akzeptiert. Für den Okonomiyaki ist sie aber mittlerweile fast unfehlbar geworden. Sie ist eine seltene Vermittlerin, die einen mageren, masochistischen Heiligen mit einer übergewichtigen Kreativität zusammenbringen kann.

Ein Schwein in Scheiben schneiden und gemeinsam mit der Schneide schweigen.

Mentaiko: die Portraits der ungeborenen Dorsche, gemalt mit roten Perlen.

Die Erdbeeren und die Schokolade können überall dabei sein, wo das Mädchen-Sein gefeiert wird.

Die Kammmuschel hat zwei Säulen und drei m in ihrem Gehäuse.

Für einen Ökonomiyaki würde man nur Biogemüse verwenden.

Ich träumte von einem Feld, aus dem unzählige Köpfe wuchsen. Blasse Weißkohlköpfe. Der Himmel war dunkelblau, der Mond saß auf einem Strommast. Wie viel Zeit gab es noch, bis das nächste Kapitel begann? Zwei Kohlblätter lösten sich von einem Kohlkopf ab, flogen auf und flatterten zusammen in der lauwarmen Luft. Sie blieben nebeneinander. Es wurde bald dunkel, aber die zwei leuchtenden Blätter verloren einander nicht. Wie lange müssen sie noch zusammen fliegen, bis sie zu einem Schmetterling werden?

Der gute Geschmack kommt aus der Angst der Großbürger. Der schlechte hat hingegen keine Herkunft, bestimmt aber die Farben der Gegenwart.

Auf der Heißplatte befindet sich eine Weltkarte, auf der jeder Gast seinen imaginären Kontinent malen kann. Die Wälder aus grünem Seetang wachsen auf einem Mayo-Sumpf, während die kleinen getrockneten Krabben schüchtern schwimmen. Die hungrige Landschaft kennt keine Ländergrenzen.

Der Garten in Donego

Während ich den Koffer auspacke, fängt der
Regen an, auf die Tastatur des Dachs zu tippen.
Es hört sich nach Prosa an.

Den See gibt es nicht mehr, auch nicht den
Himmel. Der Nebel hat sie verschluckt. Oder:
Es gibt den See und den Himmel, aber keine
Grenze mehr, die die beiden voneinander trennt.

Irgendwo im Nebel steigt ein Vogel die Tonleiter
hoch und runter. Unermüdlich und ohne
Selbstmitleid komponiert er seinen Gesang,
indem er einige Töne auslässt.

Bei Regenwetter bleibt man in der Küche, liest
man in einer alten Ausgabe vom Dornseiff.
Bei ihm regnet es gleichzeitig in verschiedenen
Stärken. Du schenktest mir das Wort „pladdern".

Das kleine Thermometer am Fenster blickt
neugierig in die Nacht hinein, wo ich scheinbar
stehe.

Die schmale Flamme der Kerze flackert und
kratzt an der blauen Wand des Wohnzimmers.
Gute Musiker schaffen es, sogar Wagners
Opernbühne zu lüften und dort Humor
einzubauen.

Der zweite Tag. Die Sonne entscheidet sich spontan für eine andere Inszenierung als die, die in der Wettervorhersage angekündigt war. Unerreichbar fern, daher verwechselbar: der große See und die blaue Seide deiner Bluse, die ich vor langer Zeit gesehen habe.

Auf jeder Terrasse tanzen zehn Finger auf der Tastatur.

Die Pfingstrosen sind schon verblüht. Aber auf dem Bildschirm meines Computers erscheint plötzlich die tote Fassung eines Gedichtes.

Die Blumen sind die radikalsten Spitzen, die vorzeitig den Tod berühren.

Was ist eine Blume? Etwas, das ins Auge fällt. Aus den Augen Löcher machen, um das Augenfällige zu sehen.

Die Blume des Weins ist dessen Duft und Geschmack, heißt es im etymologischen Wörterbuch von Kluge. Was ist die Blume eines wissenschaftlichen Textes?

Die hellen Prachtrosen lassen ihren Kopf weiter hängen. Sie können nicht die heftigen Schläge von gestrigem Regen vergessen.

Glasscheiben des zerschlagenen Spiegels, gefangen im Gehäuse einer kleinen Blutrose.

Du sagst: Aus dem bloßen Regenwasser und dem Sonnenlicht bestehen alle Materialien, aus denen Blüten und Blätter gemacht sind. Ich denke später im Bett: Materialismus kann die Lehre über das Wunder sein.

Ihre Blätter gleichen verschneiten Zungen. Sie sehen aus wie Ziersalbei, sind es aber nicht. An eines ihrer Mikrofone klammert sich eine Sängerin, eine Hummel mit krummem Rücken. Sie ist für das heutige Wetter zu dick angezogen.

Zwei Ameisen treffen sich auf einem Blatt. Mit ihren dünnen Händen betasten sie gegenseitig ihre Gesichter.

Die Blumen hinter mir und das Blumenmuster meiner Bluse: Zwei Hummeln irren sich zwischen den beiden Stoffarten.

Jede Spezies der Pflanzen hat einen Namen, aber nicht jede Handbewegung.

Sind das feierliche Glühbirnen oder zerknitterte Manuskriptpapiere? Die weißen Rosen, die über meinem Kopf hängen.

Ein Flugzeug zieht eine Linie am Himmel. Wie leise eine Weltreise durchgeführt wird! Ein winziger Flieger hingegen brummt laut um meine Ohren und hinterlässt keine Spur.

Ein Schmetterling tut so, als wäre er so schwach, dass er gegen seine Willen von einem schwachen Wind weggetrieben wird. Am Ende landet er aber genau auf der Blume, nach der er gesucht hat.

Wäre es ein Maschinengeräusch, würde es mich stören. Ich weiß aber, dass es Vogelgesang ist.

Wenn man lange genug auf eine schmale, dunkle Spalte zwischen den aufgestapelten, flachen Steinen starrt, verwandelt sie sich in eine Eidechse.

Ist das der Wind oder jemand anderes, der durch die Gebärden der Gräser spricht?

Die Schatten an der Außenwand des Hauses bewegen sich langsamer als ihre Rosen.

Die Ruhe im Garten ist wegen der Hummeln relativ laut.

Ein Boot auf dem See markiert den Brennpunkt eines Fächers, der aus Wellen besteht.

Ein Fink singt atonal gegen die tonale Musik aus dem Haus. Du Schmutzfink, ruft der Konzertmeister. Die Musik muss nicht sauber sein, antwortet der Fink.

Ein Mond in einem Gedichtband, ein Mond in einem Film, ein Mond im Spiegel des Wassers: Was für ein Wunder, dass es noch einen am Himmel gibt!

Piroschka bleibt immer unschuldig auf der Leinwand, auch wenn sie dieses Mal Tony heißt. Im Buch erlangt sie aber eine Reife, nachdem sie sich durch unzählige Buchstaben durchgekämpft hat.

Die Passion besteht aus kaltem Blau und einem weißen Mädchenkleid.

Wie wäre es, wenn alle Manuskriptpapiere grün, dafür alle Pflanzen weiß wären?

Man soll nicht die Pflanzen personifizieren, aber wer kann schon sicher sein, dass wir nichts anderes als Person gewordene Pflanzen sind?

Impressum

8. Auflage 2025

PF 1621, 72006 Tübingen
Tel. 0049(0)7071 66551
0049 0)172 7233958
Ansprechpartnerin:
gehrke@konkursbuch.com
www.konkursbuch.de
ISBN 978-3-88769-757-0